Dieses Buch ist eine Sammlung wahrer Geschichten, die hinter alltäglichen Dingen stecken. Manche der Geschichten sind so alt, dass sie schon fast zu Legenden geworden sind. Legenden, die man gar nicht mehr einer bestimmten Person, einem festen Zeitpunkt oder Ort zuordnen kann. Die Autorin hat oft in verschiedenen Quellen unterschiedliche Fassungen ein und derselben Geschichte gefunden. Sie wählte jeweils die wahrscheinlichste sowie spannendste davon aus und erzählt sie hier neu.

© 2016 by Klett Kinderbuch, Leipzig
Alle Rechte vorbehalten
Umschlag, Fotos, Illustrationen (wenn in den Bildnachweisen nicht anders angegeben), Gestaltung und Satz: Moni Port (*www.portschau.de*)
Herstellung: Tropen Studios, Leipzig
Druck und Bindung: Drukarnia Interak, Czarnkóv
Printed in Poland
ISBN 978-3-95470-137-7
www.klett-kinderbuch.de

Gudrun Schury • Moni Port

LUMPI, LAMPE, LUFTBALLON

Das Dingebuch für Alltagsforscher

INHALT

EIN BÄR NAMENS TEDDY

Früher war es in Amerika ganz normal, Bären zu schießen. Aber die Tiere waren schwer zu erwischen. Deshalb fing man bei einem Jagdausflug 1902 einen kleinen Bären und band ihn an einem Baum fest, extra für den US-Präsidenten Theodore Roosevelt. So würde er ihn sicher mit dem Gewehr treffen. Aber der Präsident überlegte: Was soll das für eine Heldentat sein, ein angebundenes Tier abzuschießen? – und weigerte sich.

Die Geschichte wurde durch eine Zeichnung in der Zeitung überall bekannt. Da dachte sich der amerikanische Spielwarenhändler Morris Michtom: Das ist es! Er nähte einen Plüschbären, stellte ihn zusammen mit der Zeichnung in sein Schaufenster und schrieb daneben »Teddy's Bear«. Die Leute, die den Präsidenten gern hatten, sagten nämlich »Teddy« statt »Theodore«. Plötzlich wollten alle so einen Teddy. Also gründete der Spielwarenhändler im Jahr 1903 eine eigene Firma zur Herstellung von Teddybären.

Zur gleichen Zeit kam eine Firma in Deutschland auf dieselbe Idee. Sie gehörte einer Frau, die im Rollstuhl saß, weil sie gelähmt war. Sie konnte wunderschöne Stofftiere nähen und brachte jetzt auch so einen Plüschbären auf den Markt – sogar mit beweglichen Armen und Beinen. Die Frau war Margarete Steiff, und ihr Bär hatte einen Knopf im Ohr.

DRAWING
THE LINE
IN MISSISSIPPI

MAMMA MIA!

In früheren Zeiten gab es im süditalienischen Neapel eine Menge arme Familien mit vielen Bambini, also Kindern. Selbst in so einer großen Familie blieb manchmal was vom Essen übrig. Das sammelte die Mamma auf einem Teller. Am nächsten Tag genauso. Am dritten Tag nahm sie einen großen Teigfladen und legte die Essensreste drauf: ein paar Tomatenscheiben, Oliven, Zwiebeln oder was sonst noch da war. Dann schickte sie die Bambini hinaus, um wilden Thymian und Oregano zu sammeln. Die Kräuter kamen zusammen mit Meersalz, Mozzarella und Olivenöl ebenfalls auf den Fladen. Den schob la Mamma in den Ofen. Das duftete beim Backen so gut, dass alle Bambini schon lange vor dem Essen am Tisch saßen und schrien: »Mamma mia! Pizza! Pizza!«

Genau: So nannte man dieses Arme-Leute-Essen in Neapel. Die Herkunft des Wortes ist völlig ungeklärt, doch könnte es mit dem griechischen »pita« für Brot zusammenhängen.

Mit den italienischen Gastarbeitern verbreitete sich die Pizza in der ganzen Welt und kam 1952 auch nach Deutschland. Inzwischen verspeist jede Sekunde irgendwo auf der Welt irgendjemand eine Pizza. Nicht nur arme Leute. Manche bestellen sich sogar Pizza mit Würstchen und Pommes drauf. Mamma mia!

DIE UNSTERBLICHE GLÜHBIRNE

Wir schreiben das Jahr 1924, und alles ist hell erleuchtet. Statt Kerzen und Gaslaternen hat man inzwischen überall elektrisches Licht: im Wohnzimmer, im Büro, im Theater, auf den Straßen. Da dachten sich die Hersteller von Glühlampen: Damit müsste sich doch ein Haufen Geld machen lassen! Und so beschlossen sie: Ab jetzt soll eine Lampe nur noch 1000 Stunden lang brennen und dann kaputt sein. Wenn jeder Mensch ständig neue Glühlampen kaufen muss, dann werden wir reich! Und so ist es geschehen: Die allermeisten Glühbirnen werden fortan so hergestellt, dass sie nach 1000 Stunden Leuchtdauer den Geist aufgeben. 1000 Stunden klingt erst einmal viel. Aber wenn man das Licht jeden Tag sechs Stunden lang brennen lässt, dann ist so eine Lampe schon nach einem halben Jahr alle.

Dabei geht es auch anders. In dem amerikanischen Ort Livermore gibt es eine Feuerwache. Dort stehen die Feuerwehrautos bereit, falls mal irgendwo ein Brand ausbricht, und dort treffen sich die Feuerwehrleute. Vor 115 Jahren schraubte man in der Feuerwache eine Glühlampe rein – eine von der guten alten Sorte noch ohne geplante Obsoleszenz, also künstlich verkürzte Lebenszeit. Diese Lampe brennt seit damals ununterbrochen. Sie hat sogar eine Eintragung im *Guinness Buch der Rekorde* und eine eigene Internetseite: *www.centennialbulb.org*.

AUF DEN HUND GEKOMMEN

Wieder einmal vermischte ein Metzger in Frankfurt fein gehacktes Schweinefleisch, Salz und Gewürze und füllte es in dünne Därme. Das waren die *Frankfurter Würstchen*. Da fiel sein Blick auf den Dackel. Der stand neben der Wurstmaschine und hatte seinen berühmten Dackelblick aufgesetzt. Das Wasser lief ihm so im Maul zusammen, dass es auf den Boden tropfte. Der Metzger gab seinem Lumpi ein paar Würstchen und sah ihm beim Fressen zu. So ein Dackel war ein ganz schön krummer Hund … Seine Schnauze war krumm, sein Rücken war krumm, seine Beine waren krumm. Er schaute von Lumpi zu den *Frankfurter Würstchen*. Und dann wieder zu Lumpi. Der Hund war krumm, die Würstchen waren gerade. Den Hund konnte er nicht gerade machen, aber die Würstchen krumm!

Von nun an waren die *Frankfurter Würstchen* etwas ganz Besonderes: Sie waren jetzt so krumm wie ein Dackel. Die Leute fanden das schick und aßen die »Dackelwürstchen« heiß mit Kartoffelsalat. Und als ein paar von ihnen nach Amerika auswanderten, nahmen sie die krummen Würstchen mit. Aber welcher Amerikaner konnte schon »Heiße Frankfurter Dackelwürstchen« aussprechen? Keiner, aber das war auch gar nicht nötig. Es gab gleich eine Übersetzung für die »heißen Hunde«, die in Übersee am liebsten in einem weichen Weizenbrötchen verspeist werden: Hot Dogs.

KLEBT UHU WIRKLICH ALLES?

Ja. Sogar die Einzelteile eines Zeppelins. Eine unglaubliche Geschichte! Da liegt sie vor uns, die schwarz-gelbe Tube. Mit *UHU* kann man was ins Schulheft kleben und Sachen reparieren. Beim Basteln braucht man ihn eigentlich ständig. Notfalls kann man auch schnell mal den heruntergerissenen Hosensaum wieder ankleben oder die kaputte Vase zusammenleimen, damit niemand was merkt.

Nachdem der Apotheker August Fischer 1932 einen neuen, durchsichtigen Klebstoff erfunden hatte, war man überzeugt, dass man ab sofort sämtliche Probleme des Zusammenhaltens gelöst hätte. Sogar den neuartigen Zeppelin, die »Hindenburg« – eines der größten Luftschiffe, die je gebaut wurden –, klebte man mit *UHU* zusammen. Dass es 1937 beim Landen abstürzte, hatte nichts mit dem Klebstoff zu tun. Der Wasserstoff im Inneren war explodiert.

Und warum heißt *UHU* nun so? Als August Fischer ihn erfand, waren in der Schreibwarenbranche gerade Tiernamen modern, so wie *Pelikan* für den Füller. Herr Fischer ging gern im Schwarzwald spazieren, wo es damals noch Uhus gab. Da wird ihm wohl bei einem seiner Spaziergänge so eine große Eule den Namen des neuen Klebers zugerufen haben:

»U-hu! U-hu!«

IM FALLE
EINES FALLES
KLEBT **UHU** WIRKLICH ALLES!

IM FALLE
EINES FALLES
KLEBT **UHU** WIRKLICH ALLES!

IM FALLE
EINES FALLES
KLEBT **UHU** WIRKLICH ALLES!

IM FALLE
EINES FALLES
KLEBT **UHU** WIRKLICH ALLES!

ADELIGES TELLERBROT

Vor vielen hundert Jahren hatten die Menschen noch keine Teller. Sie aßen einfach vom Tisch oder alle zusammen aus einer großen Schüssel. Wenn man mal etwas Saftiges hatte wie ein Stück gekochtes Fleisch oder einen feuchten Ziegenkäse, dann nahm man als Unterlage eine Scheibe Brot, damit nichts tropfte. Das Brot diente praktisch als Teller. Irgendwann kam jemand auf die Idee, eine zweite Scheibe Brot obendrauf zu legen. So wurde das belegte Brot erfunden, das man – eingepackt als Pausenbrot – auch prima überallhin mitnehmen kann.

Brot war damals meist aus grobem, dunklem Roggenmehl. Nur die ganz vornehmen Leute hatten Weißbrot. So ein vornehmer Mensch war John Montagu, der 4. Earl von Sandwich. Er lebte vor rund 250 Jahren in England, war Admiral und hatte eine große Leidenschaft: das Kartenspiel. Man sagt, dass er nicht einmal zum Essen vom Spieltisch aufstand. Die Diener sollten ihm die Speisen an den Tisch bringen, und zwar so, dass er die Spielkarten nicht aus der Hand legen musste. Mit der einen Hand hielt er die Karten, mit der anderen das Essen. Das konnte natürlich kein Rinderfilet sein, für das er zum Schneiden beide Hände gebraucht hätte. Also befahl er seinen Dienern, zwei Weißbrotscheiben zu nehmen und ein Stück Fleisch dazwischenzupacken. Seitdem nennt man die belegten Weißbrote genauso wie den Earl: Sandwich.

HEILIGER STROHSACK!

Man kann im Leben ja auf vieles verzichten, aber nicht auf ein Bett. Zumindest eine Matratze auf dem Boden braucht man, um nachts zu schlafen oder sich tagsüber auszuruhen. Besonders schön ist es natürlich, wenn das eigene Bett kuschelig ist, mit einer warmen Zudecke und weichen Kissen. Leider muss so ein Bett aber immer wieder neu gemacht werden. Aber warum spricht man eigentlich von »Bett machen«, wenn man das Betttuch glatt zieht, das Kopfkissen aufschüttelt und die Bettdecke ordentlich hinlegt?

Dieser Ausdruck stammt aus uralten Zeiten, als man wirklich jeden Tag sein Bett neu machen musste. Wer nicht gerade eine Fürstin oder ein reicher Kaufmann war, der besaß einen großen Sack, den er voll Stroh stopfte und als Matratze auf eine Bank legte. Als Zudecke gab es einen weiteren Strohsack, im Winter ein Schaffell oder – wenn man gar nichts anderes hatte – den eigenen Mantel. Fertig war das Bett. Am nächsten Morgen holte man das Stroh aus dem Sack, ließ es tagsüber trocknen, und am Abend wurde das Bett wieder neu gemacht.

Und wenn man mal *ins* Bett machte? Dann holte man sich einfach neues Stroh aus dem Stall.

EINE WEITSICHTIGE IDEE

Viele Leute brauchen eine Brille. Sie würden sonst falsche Buchstaben ins Handy tippen oder eine Dose Ananas kaufen und erst beim Essen merken, dass es eigentlich Ravioli sind. Bei uns wird Kindern unter 18 Jahren eine Brille von der Krankenkasse bezahlt.

In manchen Ländern aber gibt es keine Krankenversicherung. Oft leben dort sehr arme Menschen. Sie würden gern lernen, arbeiten und Geld verdienen, schaffen das aber ohne Brille nicht. Zum Glück hatte der deutsche Lehrer Martin Aufmuth eine geniale Idee: Wenn die Herstellung so einer Brille nur einen Dollar kosten würde – das sind bei uns etwa 90 Cent –, dann könnte sich wirklich jeder eine Brille leisten, könnte in der Schule lernen und später arbeiten gehen. Und so erfand Aufmuth im Jahr 2010 einen Apparat, mit dem sich ganz billig Brillen machen lassen.

Inzwischen funktioniert seine Idee in vielen Ländern. Ein Arbeitsloser (zum Beispiel in Bolivien oder in Burkina Faso) lernt, mit Martin Aufmuths Apparat einen Draht in die Form einer Brille zu biegen. Wenn dann jemand mit Sehschwäche kommt, sucht er sich passende Brillengläser dazu aus. Diese Gläser werden in das Drahtgestell eingeklickt, dann noch hübsche Perlen auf die Bügel gesteckt – fertig. So ist gleich zwei Menschen geholfen: Der eine hat Arbeit, der andere eine Brille für wenig Geld – nämlich so viel, wie er in zwei bis drei Tagen verdient.

18

GUT BETUCHT

»Hat jemand Lumpen abzugeben?« So riefen die Lumpensammler vor 500 Jahren in den Straßen der Stadt Nürnberg. Wenn dann jemand eine alte Hose hatte, die so dreckig und zerrissen war, dass man sie nicht einmal mehr zum Putzen verwenden konnte, dann kam sie auf einen Karren. Der wurde von einem Hund gezogen.

War der Karren bis obenhin voll mit kaputter Kleidung und anderen Lumpen, ging es zur Papiermühle. Heute macht man Papier aus Holz oder Altpapier. Im Mittelalter aber wurde es aus Lumpen gemacht. In Nürnberg gab es viele Papiermühlen, wo die Stofffetzen eingeweicht, gestampft und dann zu Papier verarbeitet wurden.

Die Lumpensammler allerdings hatten nie ein Blatt Papier in der Hand, denn sie konnten nicht schreiben und lesen. Während sie mit ihren Hundekarren weiter durch die Stadt zogen, machten Schreiber und Drucker aus dem schönen glatten Papier Urkunden, Verträge oder Bücher.

Obwohl das Papier aus alten Stofffetzen bestand, war es sehr edel, wertvoll und haltbar. Ja, so edel, wertvoll und haltbar, dass man bis heute eine Sorte Papier immer noch aus Lumpen macht: das Papier für Geldscheine.

DER KARTOFFELHELD

Der Wirt des Restaurants *Moon Lake Lodge* in Saratoga Springs im US-Staat New York servierte zu seinen Steaks immer Pommes frites. Eines Tages vor etwa 160 Jahren beschwerte sich angeblich ein Gast beim Kellner: »Die Pommes sind zu dick!« Und er ließ die Pommes in die Küche zurückgehen. Der Koch schnitt also die Kartoffeln in etwas dünnere Stäbchen. Eine neue Portion Pommes wurde serviert. »Nein, die esse ich nicht, die sind nicht dünn genug!«, meckerte der Gast aufs Neue. Wieder trug der Kellner die Pommes zurück in die Küche, wo der Koch noch dünnere Kartoffelstäbchen ins heiße Fett warf. Doch selbst diese Pommes wollte der Gast nicht essen und meinte: »Aber die sind nicht so dünn, wie sie sein könnten!« Da wurde der Koch wütend und wollte dem Gast einen Denkzettel verpassen. Er schnitt die Kartoffeln in hauchdünne Scheiben und frittierte sie im heißen Fett, bis sie ganz braun und kross waren. Der Kellner stellte sie dem Gast hin. »Ein Gruß aus der Küche: Pommes, so dünn wie Fischschuppen! Viel Spaß beim Aufspießen mit der Gabel!« Der Gast jedoch nahm einfach die Finger und verspeiste die superknusprigen dünnen Kartoffelscheibchen voller Genuss bis zum letzten Krümel. Er gab dem Kellner, dem Koch und dem Wirt ein gutes Trinkgeld und erzählte überall, dass durch ihn etwas sensationell Leckeres in die Welt gekommen war: die Kartoffelchips.

TOMATEN AUS DER FLASCHE

Überall, wo es Pommes gibt, gibt es auch Ketchup – ein Wort, das gar nicht so einfach zu schreiben ist. Allerdings stammt es gar nicht aus dem Amerikanischen, wie man meinen könnte. Mit Amerika hat der Ketchup, wie wir ihn heute kennen, aber trotzdem zu tun.

Von Anfang an waren die USA ein Einwandererland. Spanier, Engländer und Menschen vieler anderer Nationalitäten kamen ab der Entdeckung Amerikas durch den italienischen Seefahrer Christoph Kolumbus im Jahr 1492 ins Land, und alle brachten ihre Spezialitäten mit, auch den Ketchup. Der war im 17. Jahrhundert in China entwickelt worden: eine Soße aus Muscheln, Fisch und einheimischen Gewürzen, genannt »kê-tsiap«. Über Indonesien kam die würzige Tunke als »kechap« nach England. Aber dort gab es die exotischen Gewürze nicht, und so experimentierte man mit verschiedenen Zutaten, bis etwa im Jahr 1790 zum ersten Mal Tomaten hinzugefügt wurden. In dieser Form brachten die Engländer das, was sie jetzt »ketchup« schrieben, nach Amerika, wo ihn jede Hausfrau selbst machte. Doch dann kam Henry John Heinz. Der Sohn deutscher Einwanderer hatte eine Fabrik für Eingemachtes in der Nähe von Pittsburgh. 1876 brachte er den ersten Tomatenketchup auf den Markt. Flasche, Name und Logo des Produkts wurden bald weltweit bekannt. Was heißt weltweit … Die amerikanische Raumfahrtbehörde *NASA* hat den Verzehr auch in ihren Weltraumstationen erlaubt.

(UN)ZERTRENNLICH

Hunde lieben es, sich im Matsch zu wälzen und dann direkt neben einem zu schütteln. Und wie ein Straßenbesen sammeln sie beim Herumstreunen in ihrem Fell alles auf – von der Ameise bis zur Zecke. Noch fester als Zecken sitzen Kletten im Fell. Diese Dinger sind genial, jedenfalls aus Sicht der Natur. Sie sind die stacheligen Früchte von Pflanzen und derart anhänglich, dass sie an jedem Hosenbein und an jedem Hundeschwanz hängen bleiben. Dadurch verbreitet die Klettenpflanze ihre Samen.

In der Schweiz gab es einen Ingenieur namens George de Mestral, der sich ständig über die Kletten im Fell seines Hundes ärgerte. Eines Tages im Jahr 1941 aber sah er sich so eine Klette mal genauer unter dem Mikroskop an. Ja, da hatte die Natur ganze Arbeit geleistet: Die tausende Häkchen waren perfekt zum Festkrallen! Konnte man etwas von dieser Klette lernen? Zum Beispiel, wie man zwei Stücke Stoff ganz leicht zusammenfügen und wieder trennen kann? Zum Beispiel mit unzähligen winzigen Häkchen auf der einen Seite und unzähligen winzigen Schlaufen auf der anderen Seite? Genau wie bei der Klette? Und damit war er erfunden, der Klettverschluss. Ab 1952 wurde er in der Fabrik seines Erfinders produziert. Heute gibt es ihn an Windeln, Schuhen, Anoraks, Kissenbezügen und noch vielen anderen Sachen.

1. Wald-Klette, Arctium nemorosum.
2. Grosse Klette, Arctium majus.

FROMMES GEBÄCK

Ob Riesenbreze, süße Blätterteigbrezel oder Knabberbrezel – man erkennt sie immer an der typischen geschlungenen Form. Es gibt viele mehr oder weniger erfundene Geschichten, warum das Gebäck gerade diese Form hat, doch die schönste geht so:

Vor 1400 Jahren wollte ein Mönch seine Schüler belohnen, wenn diese brav die christlichen Schriften studiert hatten. Aber womit? Es sollte etwas recht Frommes sein! Also nahm er Hefeteig, rollte ihn zu dünnen Würsten und formte mit ihnen Arme, die sich vor dem Oberkörper kreuzen, so wie es damals die Mönche beim Gebet taten. In den Ofen – fertig!

Aber wie sollten sie heißen? Da die Mönche damals Latein sprachen, war auch der Name für das neue Backwerk lateinisch. Das Wort »Brezel« leitet sich wahrscheinlich vom lateinischen »bracchium« (Arm) oder »preces« (Fürbitte) ab.

Anfangs schmeckten die Brezeln süß, und das blieb über viele Jahrhunderte so. Doch irgendwann passierte einem Bäcker ein Missgeschick: Statt die Teiglinge wie immer mit Zuckerwasser zu bepinseln, nahm er aus Versehen eine Flüssigkeit, die auch in der Backstube herumstand. Es war Natronlauge, die man zum Reinigen der Backbleche verwendete. Damit hatte der schusselige Bäcker die erste Laugenbrezel hergestellt. Noch etwas grobes Salz drauf, und fertig war ein Klassiker, den es so bis heute gibt.

AUS DIE MAUS!

Wie langweilig ist doch das Staubwischen! Und kaum ist man fertig, liegt schon wieder irgendwo Staub. Deshalb kommen hier ein paar spannende Fakten, die man sich prima beim Staubwischen vorsagen kann:

Staub ist überall, und keiner will ihn. Doch! Es gibt Leute, die finden Staub total interessant und untersuchen ihn. Sie haben herausgefunden, woraus Hausstaub besteht: kleine Fasern von Teppichen, Sofakissen, Wolldecken und Bekleidung – Straßendreck – Abrieb von Schuhen – Sand – Ruß – Haare – Hautschuppen – Kopfschuppen – Pollen – Essenskrümel – Spinnweben – Überreste von Pflanzen, Fliegen, Motten und Hausstaubmilben – Bakterien, Viren und Schimmelpilze – Teilchen aus dem Toner von Druckerpatronen – und noch einiges mehr.

Jeder von uns verursacht im Jahr 130 Gramm Hausstaub, so viel, wie eine Banane wiegt. Durch Luftzug kugelt sich der Staub oft zu grauen, flauschigen Gebilden zusammen: den Wollmäusen. Die wohnen dann unter Betten, Schränken, hinter Schreibtischen und in unzugänglichen Ecken. Dort sind die Mäuse sicher – vor Katzen und Staubwedeln.

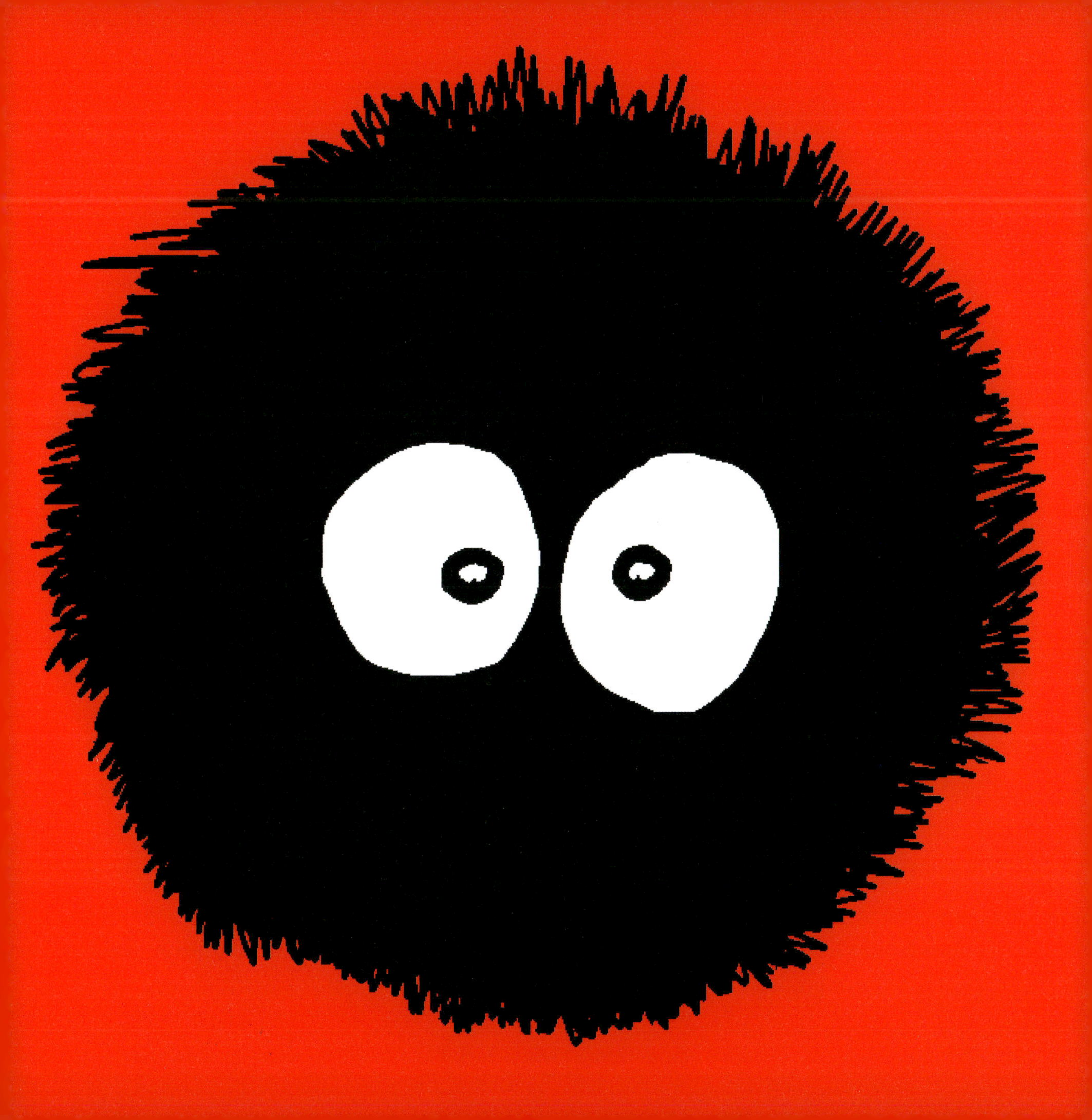

KÄPT'N FROST

Man sollte immer eine Packung Fischstäbchen im Eisfach haben, und das Mittagessen ist gerettet. Aber wer kam bloß auf die Idee, dass man Vorräte einfrieren kann?

Das entdeckte der englische Philosoph Francis Bacon im Winter 1626. Er füllte Schnee in ein gerade geschlachtetes Huhn, packte es auch außen in Schnee und lagerte es so mehrere Tage. Nach dem Auftauen konnte Bacon das Hühnchen gebraten verspeisen.

Die nächste Tiefkühlgeschichte spielt vor hundert Jahren: Der amerikanische Biologe Clarence Birdseye studierte in der Arktis das Leben der dort lebenden Inuit. Dabei beobachtete er, dass der gefangene Fisch bei minus 40 Grad an der Luft sofort gefror. Durch das schnelle Einfrieren entstanden keine großen Eiskristalle, und der Fisch war nach dem Auftauen noch wie frisch. Clarence Birdseye wurde vom Forscher zum Unternehmer. Im März 1930 lagen die ersten Packungen mit Tiefgefrorenem wie Fleisch, Fisch, Spinat, Erbsen und Beeren unter dem Namen *Birdseye* in den amerikanischen Supermärkten. Als die Marke vor allem mit ihren Fischstäbchen immer erfolgreicher wurde, bekam sie 1966 eine Werbefigur: *Captain Birds Eye* trägt eine Kapitänsmütze und einen weißen Bart. Zur amerikanischen Firma kam eine europäische dazu. Ihren Namen verdankt sie dem niederländischen Wort für Iglu, nämlich »Iglo«. Und auch sie hat seit 1985 eine eigene Werbefigur: *Käpt'n Iglo*.

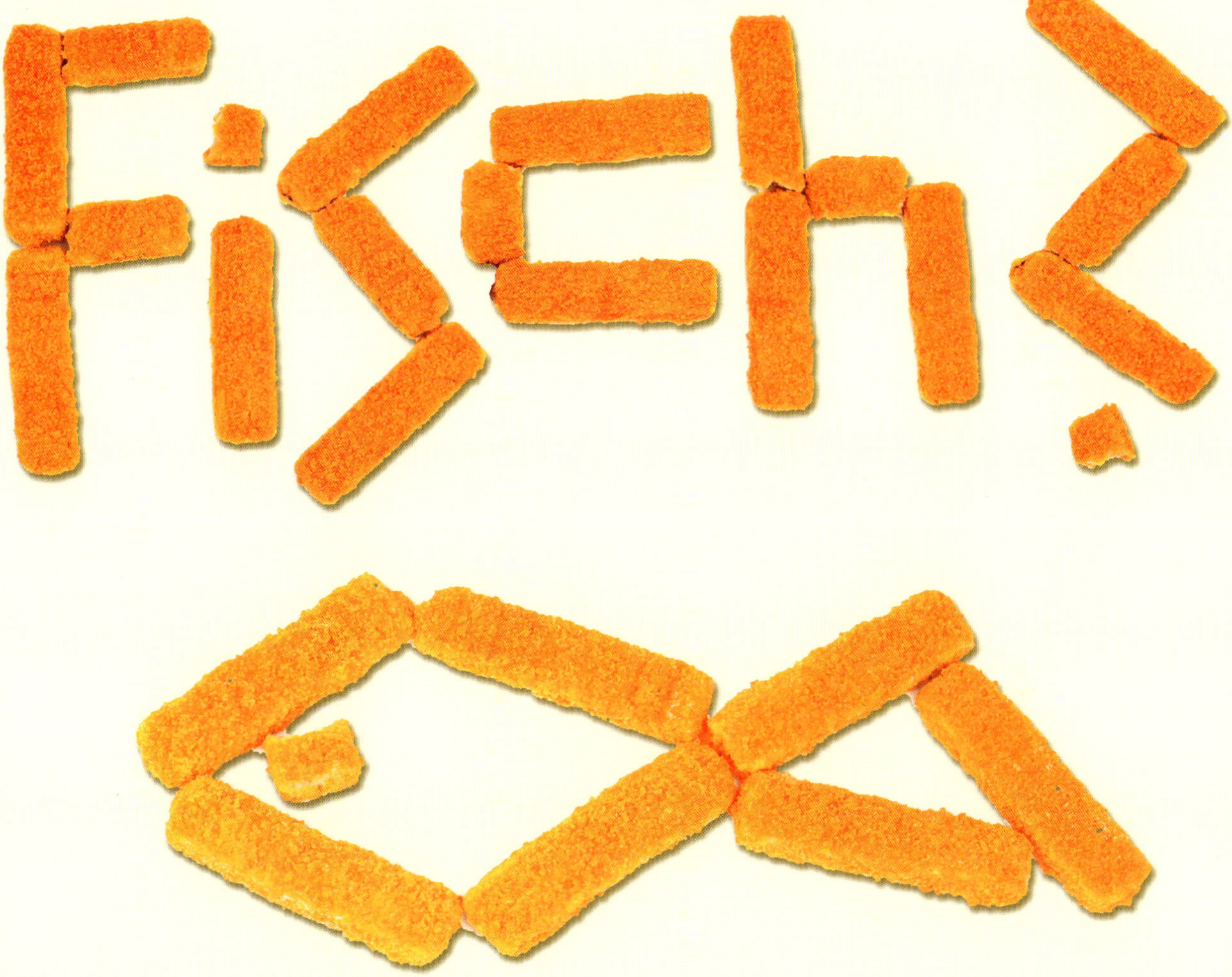
Fisch?

WINTER IM WASSERGLAS

Der Ort Mariazell liegt in Österreich und ist berühmt für seine Basilika, eine große Kirche, die eine viel verehrte Figur der Gottesmutter Maria beherbergt. Ständig macht irgendjemand ein Foto von der Mariazeller Basilika. Das Bauwerk wurde aber auch schon einmal auf eine andere Art verewigt: Ende des 19. Jahrhunderts fertigte der Feinmechaniker Erwin Perzy ein winzig kleines Modell der Kirche, steckte es in ein ballonförmiges Glas, fügte Wasser und Grieß dazu – und fertig war die erste Schneekugel. Heute werden diese hübschen Dinger meist aus Plastik hergestellt, und innen rieselt nicht nur künstlicher Schnee, sondern auch bunter Glitter auf Schneemänner, Schiffe oder Schlösser herunter.

Es ist gar nicht schwer, eine Schneekugel selbst zu basteln. Man nimmt ein Marmeladenglas, am besten eins von der niedrigen, breiten Sorte, und klebt seine Lieblingsfigur mit Heißkleber in die Innenseite des Deckels. Das Glas muss aber noch drüberpassen! Nach dem Trocknen füllt man das Glas mit einer 1:1-Mischung aus destilliertem Wasser und Glycerin (gibt's in der Apotheke) sowie Kunstschnee, Glitter oder Glitzerstaub (ungefähr ein halber bis ganzer Teelöffel voll). Als Letztes wird der Deckel draufgeschraubt, von außen mit Heißkleber abgedichtet und die Klebenaht mit einem Band verdeckt. Und jetzt andächtig schütteln …

DAS WERBESÄCKCHEN

Nehmen wir an, jemand hat ein total cooles Computerspiel erfunden und möchte es an viele Leute verkaufen. Was ist jetzt das Wichtigste? Genau: Das Spiel muss bekannt werden, er muss Werbung dafür machen. Lange vor Fernsehen und Internet wurde Werbung über Plakate, Handzettel oder Zeitungsanzeigen verbreitet. Oder man zeigte den Leuten seine Produkte.

Das tat auch der New Yorker Teehändler Thomas Sullivan. Um die Kunden von seinem Tee zu überzeugen, verschickte er im Jahr 1908 Proben davon. Nun kann man losen Tee nicht einfach in einen Briefumschlag stecken. Deshalb ließ der Teehändler kleine Säckchen aus Seide nähen. In jedem Säckchen befand sich ein bisschen Tee zum Ausprobieren. Gedacht hatte Sullivan sich das so: Man schneidet das Seidensäckchen auf, holt die losen Teeblätter raus und brüht sich seinen Tee auf wie immer. Aber was taten die Kunden? Sie hängten das ganze Seidensäckchen samt Tee ins heiße Wasser. So wurde der Teebeutel geboren. Heute macht man ihn aus einem Spezialpapier, das aus den faserreichen Blättern des Bananengewächses Abacá gewonnen wird.

MUT ZUR LÜCKE

Eine Zeitreise in die Ritterzeit wäre sicher spannend. Doch spätestens beim Plaudern mit den Rittern und Edeldamen auf der Burg hätte man schnell die Nase voll: Die Menschen zu der Zeit stanken nämlich ziemlich aus dem Mund. Die Zähne richtig geputzt hat sich damals niemand. Sie wurden höchstens mit einem um den Finger gewickelten Leinenläppchen abgerieben.

Dabei gab es schon bei den Indern, Ägyptern, Arabern und Griechen im Altertum ausgefranste Stöckchen aus Holz, um die Zähne zu reinigen. Zusätzlich kaute man wohlriechendes Harz. Und aus dem alten Rom hat man ein Rezept für Zahnpasta gefunden: »Man nehme gemahlenen Bimsstein, starken Essig und Urin von Portugiesen, vermische alles und schrubbe sich die Zähne damit.«

Unseren Vorfahren aber genügte über lange Zeit ein Messer, um sich Fleischreste aus den Zähnen zu puhlen. Vor gut 300 Jahren gab es dann die ersten Zahnbürsten aus Ziegen-, Pferde- oder Dachshaaren. Erst 1873 entwickelte Samuel Colgate die moderne Zahnpasta. Man kaufte sie in Gläschen, später gab es sie in der Tube – und heute auch mit bunten Streifen und Erdbeergeschmack.

HOCH HINAUS

Sich in einen Stuhl setzen, ganz viele Luftballons dranbinden und dann in die Höhe fliegen – das geht wirklich. Wie viele braucht wohl ein erwachsener Mann dazu?

Es war ein schöner Julimorgen 2008, als der Amerikaner Kent Couch zu seinem bislang längsten Ballonflug aufbrach. Allerdings verwendete er als Füllung für seine 150 eineinhalb Meter großen Ballons nicht Luft, sondern das Gas Helium. Helium ist leichter als Luft und steigt daher nach oben. Sein »Heliumschiff« trug Kent Couch 380 Kilometer weit über den Himmel. Zum Landen schoss er mit einer Luftpistole so viele Ballons ab, bis er wieder festen Boden unter den Füßen hatte.

Erfunden wurden Luftballons schon 1824 vom englischen Naturforscher Michael Faraday. Er nahm zwei Kautschukscheiben, bepuderte sie in der Mitte mit Mehl, damit sie nicht zusammenklebten, und drückte die Ränder aufeinander, bis sie fest verbunden waren. Ein Jahr später kamen Luft-ballons zum Selbermachen auf den Markt – mit einer Spritze zum Luftblasen-pusten, Gummimasse und Lösungsmittel. Auf die fertigen Ballons, wie man sie heute von jedem Kindergeburtstag kennt, musste man allerdings noch 22 Jahre warten …

GESUCHT PER HAFTBEFEHL

Der Wissenschaftler Spencer Silver war ein echter Verlierertyp. Tag für Tag saß er in seinem Labor und brütete über einer Aufgabe: Erfinde den Superkleber! Aber Spencer Silver erfand ihn nicht. Sein Kleber hielt einfach nicht richtig. Eines Morgens vor rund 40 Jahren kam er wieder einmal in sein Labor, um sich die neuesten Proben anzusehen. Gespannt testete er, ob die beiden Flächen zusammenhielten. Mist! Er konnte sie voneinander lösen wie Butterpapier von der Butter.

Das war aber nur die halbe Geschichte. Die ganze erzählte er seinem Kollegen Arthur Fry. Ungefähr so: »Statt eines Superklebers habe ich was völlig Unnützes erfunden! Man kann damit zwar das eine Ding auf das andere kleben, aber dann wieder ganz leicht abziehen. Wie ärgerlich! Wer braucht denn so was?«

»Ich!«, sagte Arthur Fry. »Weißt du, was *mich* total ärgert? In mein Gesangbuch lege ich immer Zettel – überall da, wo ich ein Lied wiederfinden will. Und kaum habe ich das Buch in der Hand, fallen die Zettel raus. Haften müssten die Zettel! Aber nicht für immer! Sondern so, dass man sie jederzeit wieder abziehen kann, ohne dass man was von dem Kleber auf der Buchseite sieht. Verstehst du?« Spencer Silver brauchte eine Zeit, bis er verstand. Aber dann war er mächtig stolz darauf, dass er zusammen mit Arthur Fry die *Post-it*-Haftzettel erfunden hatte.

Wer braucht
denn so
was ?

WEISSES GOLD

Gut, wenn man noch alle Tassen im Schrank hat! Dann kann man Kakao reinfüllen oder Früchtetee. Tassen sind meistens aus Porzellan, dessen Erfindung Johann Friedrich Böttger zugeschrieben wird. Aber ohne den großen Gelehrten Ehrenfried Walther von Tschirnhaus wäre Böttger nicht im Lexikon gelandet, sondern am Galgen. Böttger hatte nämlich behauptet, Gold machen zu können. Das brauchte Kurfürst August der Starke von Sachsen so dringend, dass er Böttger 1701 entführen und einsperren ließ. Gold oder Leben, so hieß es. Gefangen in einem Labor im Schloss, machte Böttger Versuche mit Blei, Quecksilber, Arsen und anderen giftigen Stoffen. Aber erst, als er an Ehrenfried von Tschirnhaus' Experimenten zum »weißen Gold« teilnahm, hatte er Erfolg. Fast so wichtig wie Gold war August dem Starken nämlich Porzellan, das »weiße Gold«. Das musste er aber für teures Geld aus China einführen. Tschirnhaus lebte schon nicht mehr, als Böttger 1709 endlich verkündete, er habe aus weißer Tonerde, Quarz und Feldspat so schönes, glänzendes Porzellan gebrannt wie die Chinesen.

Johann Friedrich Böttger wurde erst fünf Jahre später aus der Haft entlassen und Leiter der ersten großen Porzellanfabrik in Meißen. Doch konnte er seine Freiheit nicht lange genießen. Die giftigen Stoffe aus seiner Goldmacherzeit hatten seinem Körper so geschadet, dass er weitere fünf Jahre später starb.

TISCHLEIN DECK DICH

Ach, wäre das schön: Man könnte einfach von der Bulette abbeißen, Spaghetti mit beiden Händen in den Mund stopfen oder Erdbeerquark aus der Schüssel lecken! Stattdessen soll man ordentlich essen – mit Löffel, Gabel und Messer. Seit wann ist das bei uns so?

Als unsere Vorfahren noch in Höhlen lebten, nahmen sie die Hände zum Essen, und auch später gab es – zumindest in der westlichen Welt – kaum etwas anderes als ein beidseitig geschliffenes Messer zum Schneiden und Aufspießen. Jeder trug sein eigenes Messer bei sich. Löffel aus Knochen, Ton oder Holz und Gabeln mit zwei Zinken verwendete man nur in der Küche oder zum Servieren bei Tisch. Der Erste, der daran etwas änderte, war der französische Kardinal Richelieu im 17. Jahrhundert. Er hatte oft Gäste zu Tisch, ärgerte sich aber darüber, dass sie sich, wie damals üblich, die Fleischreste mit der Messerspitze aus den Zähnen stocherten. Also ließ er bei allen Messern die Spitzen abschleifen. So ein rundes Ende haben unsere Tafelmesser noch heute. Dass wir bei Tisch auch Löffel und Gabeln benutzen, diese Sitte ist kaum 300 Jahre alt. Sie wanderte von den Höfen der Könige und Adeligen zu den vornehmen Bürgern und schließlich zu den einfachen Leuten. Heute gehört das Essen mit Besteck in vielen Ländern zum guten Ton – außer bei Hamburgern, Pizza und Pommes.

LUXUSSCHMUCK

Es gibt Füller für 6 Euro, für andere muss man das Zehnfache hinlegen. Aber das ist nichts gegen den teuersten Füller der Welt, den *Monte Celio*! Er kostet 2,4 Millionen Euro. Für das Geld könnte man 172 043 Exemplare dieses Buchs hier kaufen!

Die Hamburger Firma *Montblanc* stellt vor allem Schreibgeräte her, darunter Füller – neben alltagstauglichen manchmal auch kunsthandwerkliche Meisterstücke wie den superteuren *Monte Celio*. Klar, dass der Luxusfüller eine goldene Schreibfeder hat. Aber die kostet noch keine 2,4 Millionen. Was könnte den Preis noch in die Höhe treiben? Es sind Diamanten und Edelsteine. Der Füller glitzert von oben bis unten, weil insgesamt 1500 Diamanten und rosa Saphire in die Hülle eingelassen sind. Die Spitze der Kappe besteht aus einem einzelnen Riesendiamanten, so groß wie ein Fingernagel.

Wenn man mit so kostbaren Materialien umgeht, muss man sehr, sehr sorgfältig sein. Deshalb haben 800 Edelsteinschleifer und Goldschmiede acht Jahre lang an dem Füller gearbeitet, bis er fertig war. Es gibt natürlich nur einen einzigen davon. Wer ihn gekauft hat und ob auch damit geschrieben wird, bleibt ein Geheimnis.

POST FÜR WIEDERKÄUER

Das Kauen von gummiartigen Kugeln war schon bei den Haremsdamen im alten Orient beliebt. Sie nahmen dazu das duftende Harz des Mastixstrauches, das nur auf der griechischen Insel Chios gewonnen wird. Auch in Südamerika kannte man etwas Ähnliches: Die Azteken kauten auf »chictli« herum, dem eingedickten Saft des Sapotillbaums. Der mexikanische General und Gewaltherrscher Antonio López de Santa Ana brachte das Harz 1869 unter dem Namen »Chicle« in die USA. Es schmeckte aber nach nichts. Das war noch so, als der Erfinder Thomas Adams anfing, es in Form von Kaugummistreifen zu verkaufen. Er und weitere Hersteller experimentierten schließlich mit verschiedenen Geschmacksrichtungen – unter anderem Lakritze, dann Pfefferminze … Das war's!
Trotzdem brauchte es erst eine geniale Werbeidee, um Kaugummi zu einem Verkaufsschlager zu machen. Diese Idee hatte der Seifenhersteller William Wrigley junior. Er war so überzeugt von Kaugummi mit Frucht- oder Pfefferminz-Geschmack, dass er in seiner Fabrik ab 1893 *Juicy Fruit* und *Wrigley's Spearmint* fabrizierte. Aber erst 1915 wurden seine Kaugummis ein richtiger Erfolg. Er hatte nämlich jedem US-Bürger, der im Telefonbuch stand, je vier Streifen als Werbegeschenk mit der Post geschickt. Es waren 1,5 Millionen Einwohner!

WRIGLEY'S

DOUBLEMINT

DOUBLE STRENGTH
DOUBLE SPEAR TRADE MARK REGISTERED

FIVE   STICKS

DOUBLE STRENGTH PEPPERMINT FLAVOR
DOUBLE WRAPPED-ALWAYS FRESH AND CLEAN

◄ DOUBLEMINT ►   THIS LABEL IS A   ◄ DOUBLEMINT ►

UNITED PROFIT-
SHARING **COUPON**
AS STATED ON BACK

GOOD FOR VALUABLE PREMIUMS

REMOVE CAREFULLY - PULL BACK HERE

GROSSE GESCHÄFTE, KLEINE GESCHÄFTE

Man kann es aus frischem Zellstoff oder Altpapier herstellen, man kann es mit Blumen bedrucken, man kann es zwei- oder mehrlagig machen: Klopapier. Ende der Rolle. Halt! Klopapier hat eine interessante Geschichte. Bereits im China des 6. Jahrhunderts verwendete man zum Po-Abwischen Papier, das aus Reisstroh gewonnen wurde. Das des Kaisers wurde später sogar parfümiert.

Im Westen dauerte es viel länger bis zur modernen Hygiene. Zuerst nahm man Tonscherben, Schwämme, Stroh, Blätter, Moos, Gras, Wolle oder Lumpen, auch mal ein gedrucktes Flugblatt, später dann zurechtgeschnittene Seiten aus Zeitungen oder Katalogen, schließlich einzelne Klopapierblätter. Erst vor 137 Jahren tauchte das erste Krepppapier von der Rolle in Amerika auf, vor 88 Jahren in Deutschland. Es war grau und rau. Aber je besser man weiche Papiertaschentücher herstellen konnte, desto feiner wurde auch das Klopapier.

Heute verbraucht jeder von uns 15 Kilo davon im Jahr – ein Riesengeschäft mit dem großen und kleinen Geschäft. Vielleicht gibt es deshalb sogar den »Tag des Toilettenpapiers« – jedes Jahr am 26. August.

HOSEN WIE MATROSEN

Löb Strauss wuchs in einer großen jüdischen Familie in Buttenheim bei Bamberg auf. Sein Vater war Hausierer, zog mit Nadeln, Garn und Knöpfen von Haus zu Haus. Nachdem er starb, beschloss Mutter Rebecca 1847, mit den drei Söhnen nach Amerika auszuwandern, wo der 18-jährige Levi – so nannte Löb sich jetzt – im Kurzwarengeschäft seiner Brüder arbeitete. Eines Tages hörte er vom großen Goldrausch und reiste nach San Francisco. Die Goldgräber dort brauchten bestimmt Anzüge, Hemden und Zelte. Aber sie sagten: »Was sollen wir mit Zelten? Wir wollen endlich stabile Hosen!« Da schneiderte Levi Strauss ihnen feste Hosen aus brauner Zeltplane. Später nahm er blauen Baumwollstoff dafür. Mit seinem Geschäftspartner führte er Metallnieten ein, die an den wichtigen Stellen die Nähte verstärkten. Sie wurden zum Markenzeichen der *Levi's* Jeans. Und weil es viele Nachahmer gab, kamen mit der Zeit noch weitere hinzu: eine geschwungene Doppelnaht hinten; ein Lederschild, auf dem man zwei Pferde sieht, die vergeblich versuchen, eine Jeans zu zerreißen; ein rotes Fähnchen an der Po-Tasche.

Der Name »Jeans« kommt übrigens von der italienischen Stadt Genua, die auf Französisch »Gênes« heißt. Die Matrosen dort hatten reißfeste Hosen, die Levi Strauss nachahmte. In Amerika sprach man also von den Hosen aus Gênes, aber natürlich auf Amerikanisch: »tschiens«.

LICHT ZUM MITNEHMEN

Wie viele träumte auch der Russe Akiba Horowitz davon, in Amerika Erfolg zu haben. Und so suchte er sich einen Namen, der nur noch ein bisschen fremd klang, aber von den Amerikanern ausgesprochen werden konnte: Conrad Hubert. Er versuchte es in seiner neuen Heimat mit allen möglichen Jobs und Erfindungen. Aber nichts wollte klappen.

Eines Tages unterhielt er sich mit einem anderen Erfinder. Der zeigte ihm seine neueste Schöpfung: einen Blumentopf, von innen elektrisch beleuchtet. Dinge, die die Welt nicht braucht, so Huberts erster Gedanke. Aber sein zweiter Gedanke war: Irgendwie ist da was dran …. Und er kaufte dem Mann das Patent für die Erfindung ab. Doch der beleuchtete Blumentopf erwies sich als Verkaufsflop! Da kam Conrad Hubert auf die Idee, den Blumentopf einfach wegzulassen und die Leuchte alleine zu verkaufen. Die bestand aus einer Röhre mit einem batteriebetriebenen Lämpchen an der Spitze. Hubert stattete sie noch mit einem Schalter zum Ein- und Ausschalten aus – fertig. Im Jahr 1903 bekam er sein eigenes Patent auf diese neuartige Taschenlampe. Besonders die Polizei freute sich, dass sie jetzt auch nachts Verbrecher fangen konnte. Conrad Hubert seinerseits freute sich bald über seine erste Million – und Kinder auf der ganzen Welt darüber, heimlich unter der Bettdecke lesen zu können.

ZOFF IN SCHACHTELN

Josef Friedrich Schmidt hatte einen Laden für Lebensmittel und nicht viel Geld. Aber Ideen. In seiner Werkstatt tüftelte er an einem Brettspiel, das schon Kinder verstehen konnten. Es sollte einfach sein, nicht teuer und immer wieder Spaß machen. Schließlich entwickelte er in den Jahren 1907/08 aus dem alten indischen Spiel Pachisi etwas Neues: Vier Spieler würfeln und dürfen mit ihren Spielfiguren je nach Augenzahl der Würfel weiterziehen. Nicht besonders aufregend. Aber der Witz war, dass man Figuren des Gegners »schmeißen« konnte. Herr Schmidt probierte das Spiel mit seinen Söhnen aus: Heinrich, Karl und Franz ärgerten sich mächtig, wenn sie geschmissen wurden und nicht als Erste ins Ziel kamen. Der Rausschmeißer aber lachte sich ins Fäustchen.

Nun musste das neue Spiel mit dem Namen *Mensch ärgere Dich nicht* nur noch überall Erfolg haben. Aber Fehlanzeige. Die Verkaufszahlen waren mies. Mittlerweile herrschte der Erste Weltkrieg. Josef Schmidt nahm 3000 Stück von seinen Brettspielen und schickte sie an die Lazarette, wo die verwundeten Soldaten lagen. Das Spiel sollte ihnen die Zeit vertreiben. Das tat es auch, und zwar jeden Tag aufs Neue. Nach dem Krieg erzählten viele von diesem *Mensch ärgere Dich nicht*, und bald war die erste von später über 70 Millionen Schachteln verkauft. Heute gibt es kaum jemanden, der sich noch nicht damit geärgert hat.

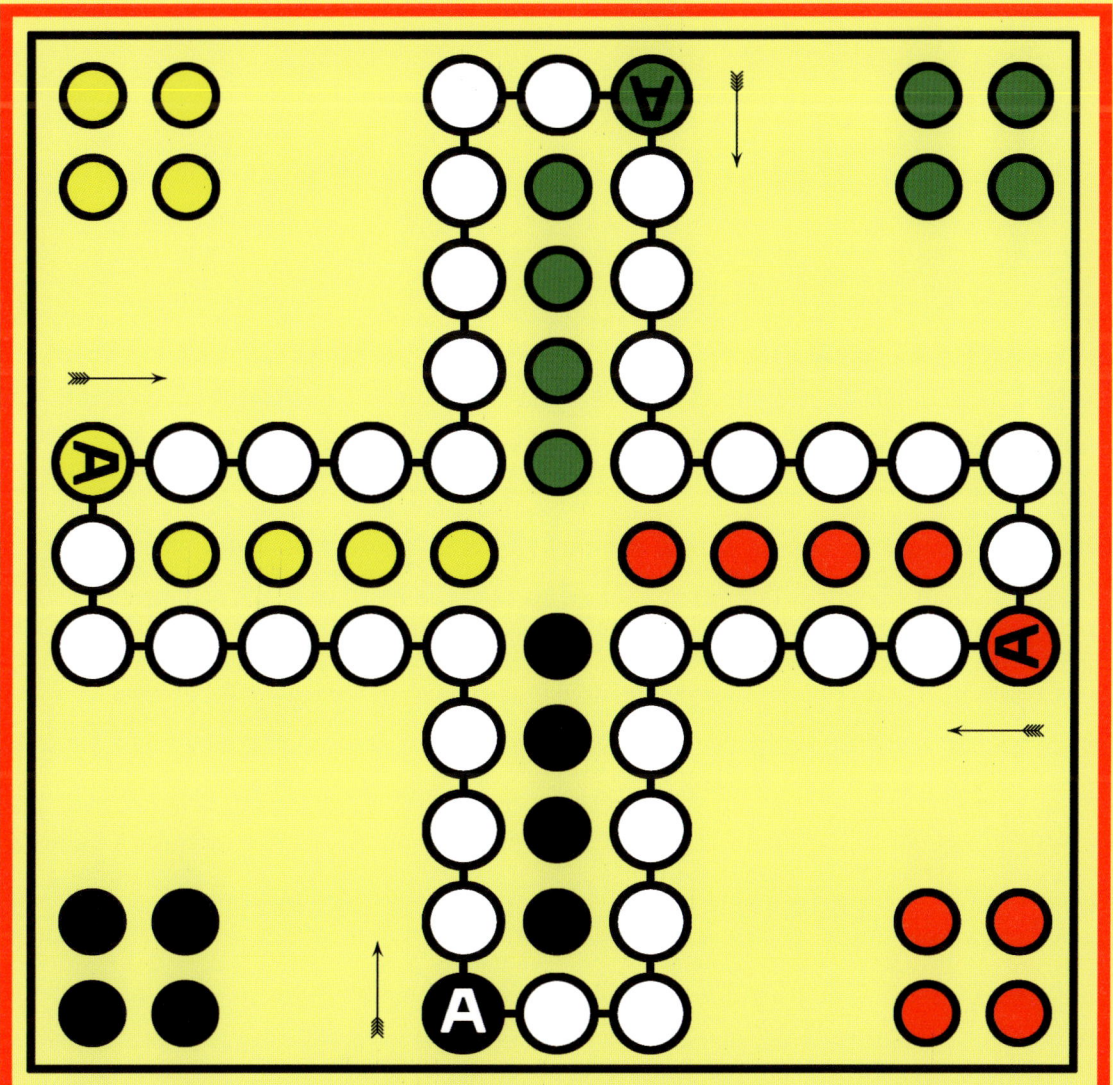

LIEBE MACHT ERFINDERISCH

Niemand ist gern im Krankenhaus, erst recht nicht, wenn man operiert wird. Zum Glück verlaufen die meisten Operationen heute erfolgreich. Dabei ist Sauberkeit ganz wichtig. Nur wenn kein Schmutz und keine Bakterien in die Wunde kommen, kann sie gut heilen. Bevor Wissenschaftler das entdeckten, starben viele Menschen nach OPs. Erst vor 130 Jahren fing man an, Operationsbesteck und Hände zu desinfizieren, also frei von Schmutz und Bakterien zu machen. Man benutzte dazu Karbol, eine stark riechende, scharfe Flüssigkeit, von der man allerdings oft schlimmen Ausschlag bekam. So erging es auch OP-Schwester Caroline Hampton im Krankenhaus von Baltimore. Dort war Chefarzt William Halsted sehr fortschrittlich und desinfizierte alles. Er war aber nicht nur fortschrittlich, sondern auch verliebt. Und zwar in Schwester Caroline. Bekümmert betrachtete er ihre Hände mit dem Ausschlag. Wenn es nur etwas Geeignetes zum Drüberziehen gäbe! Er fragte bei einer Gummi-Firma an, ob die es nicht mal mit der Herstellung von Handschuhen probieren wollte. Und tatsächlich gab es 1890 die ersten Operationshandschuhe aus Gummi.

Dann kam das dicke Happy End: Caroline hatte nie wieder Ausschlag – aber dafür einen Ehemann. Denn sie und William heirateten. Und ganz nebenbei waren die Gummihandschuhe erfunden, die es heute in jedem Haushalt gibt.

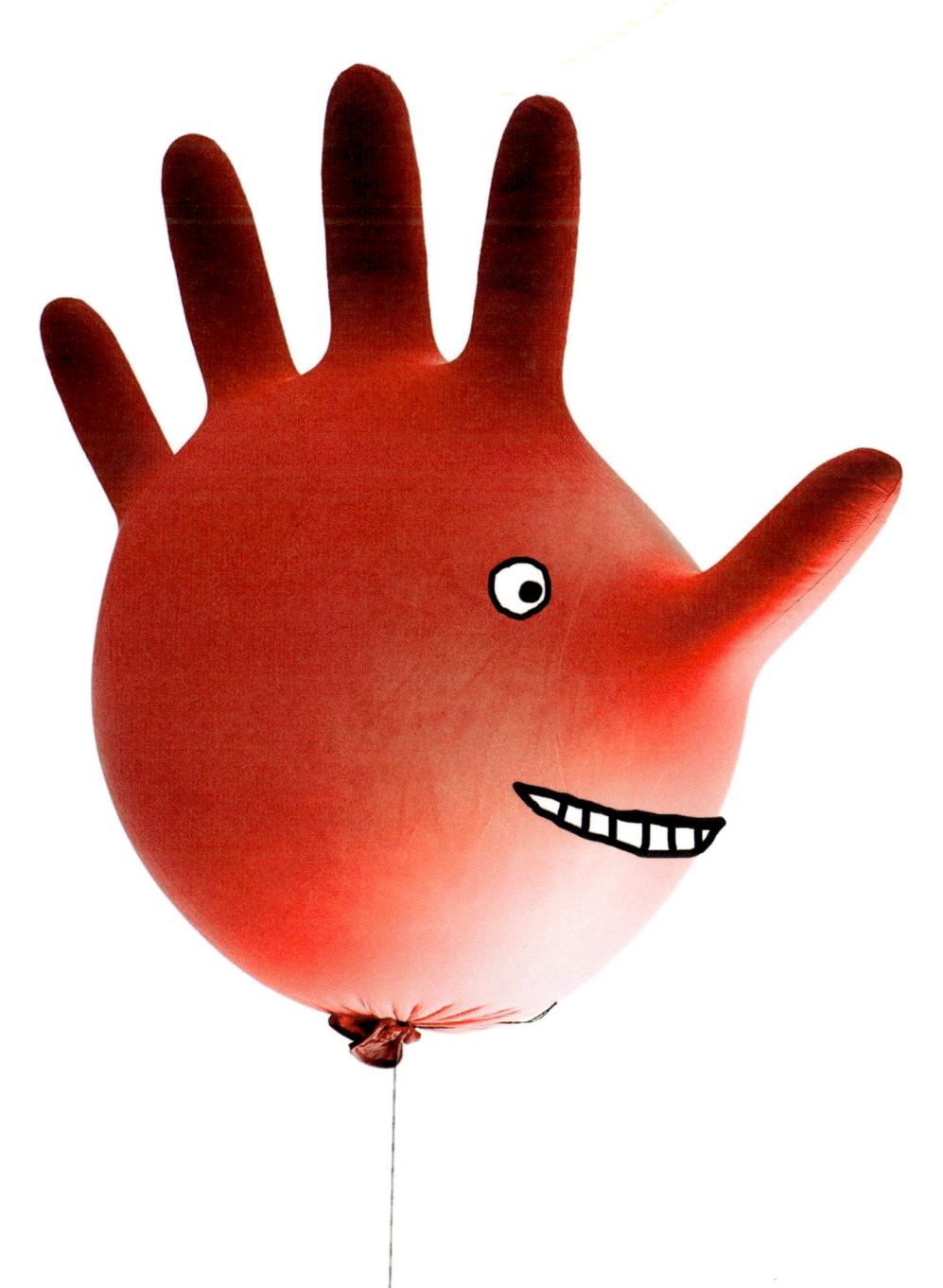

ALLE AUF EINMAL

Es gibt alte Leute, die sich noch daran erinnern, dass früher nicht der Geburtstag, sondern nur der Namenstag gefeiert wurde – vor allem in katholischen Familien. Heute jedoch lässt sich fast niemand dieses schöne Fest entgehen, an dem es Geschenke gibt und oft einen Kuchen mit so vielen Kerzen, wie man Jahre alt wird.

Der früheste Hinweis auf einen deutschen Kindergeburtstag mit Kuchen und Kerzen ist 240 Jahre alt. Mit »Lebenslichtern« oder »Jahreslichtern« wollte man dem Kind verdeutlichen, wie lange es schon auf der Welt ist, und mit dem Kuchen das Älterwerden versüßen. Aber Geburtstagskerzen wurden von der Kirche nicht gern gesehen. Für sie galt es als Aberglaube, wenn man zum Geburtstagskind sagte: »Du musst alle auf einmal auspusten und dir dabei etwas wünschen!« Das verstand man als Überbleibsel aus der Zeit heidnischer Vorstellungen, also aus einer Zeit vor dem Christentum.

Und so ist es wohl auch: Mit dem Auspusten der Flamme schickte man nach altägyptischem, altgriechischem und altrömischem Glauben Wünsche zu den Göttern in den Himmel. Dieser Brauch verbreitete sich in vielen Kulturen. Und weil man dem Geburtstagskind an seinem Ehrentag nur Gutes wünscht, wurden die Jahreslichter auch bei uns mit dem Auspusten und Wünschen verbunden.

MUND AUF!

Es scheint gut zu funktionieren, wenn man Süßigkeiten Namen gibt,
bei denen man schon beim Sprechen den Mund aufreißen muss: *HARIBO!
MAOAM!*

Die Gummibärchen heißen so wegen ihres Erfinders, **H**ans **R**iegel aus **B**onn.
Der stellte 1920 in seiner Waschküche die ersten Bonbons her und erfand
zwei Jahre später einen kleinen Tanzbären aus Fruchtgummi. Inzwischen
werden von *Haribo* ungefähr 100 Millionen Gummibärchen hergestellt –
jeden Tag.

Die Kaubonbons, die seit 1986 ebenfalls zur Firma *Haribo* gehören, sollten
die Botschaft »**M**undet **A**llen **O**hne **A**usnah**M**e« verkünden und sich von
vorne genauso lesen wie von hinten. Das geht auch noch mit anderen
Wörtern. Berühmtes Beispiel: OTTO. Weiteres berühmtes Beispiel: ANNA.
Es gibt sogar ganze Sätze, die man vorwärts und rückwärts lesen kann:
ES EILT, LIESE! Und warum eilt es, Liese? Weil sonst alle *HARIBO* und
MAOAM weg sind.

FAKTEN ZUM BAUKLÖTZE-STAUNEN

Der dänische Tischler Ole Kirk Christiansen stellte Holzspielzeug her. Bei der Suche nach einem Namen für sein Unternehmen nahm er 1934 die Anfangsbuchstaben von zwei dänischen Wörtern: »leg godt« heißt »spiel gut«.

Die ersten *Lego*-Steine waren zwar schon aus Kunststoff, aber kein sonderlicher Erfolg. Erst als sie zusammensteckbar wurden, durch Noppen oben und Röhrchen unten, verkauften sie sich. Weil sie gleich geblieben sind, kann man ein Klötzchen von heute auf ein Klötzchen von 1958 stecken. Es passt.

Wenn man zwei *Lego*-Steine mit je acht Noppen nimmt, gibt es 24 Arten, sie zusammenzustecken. Bei sechs Steinen sind es 915 103 765 Arten. Bei acht qualmt der Rechner. Jährlich werden 55 Milliarden *Lego*-Klötzchen hergestellt. Jeder Mensch auf der Welt besitzt durchschnittlich 94 davon. An der Küste von Cornwall in England spült das Meer seit fast zehn Jahren immer wieder *Lego*-Teile an. Damals wurde ein Schiff von einer Monsterwelle getroffen, wobei ein Container mit 4 756 940 *Lego*-Steinen und -Figuren über Bord ging. Der Weltrekord im *Lego*-Turm-Bauen liegt bei 35 Metern Höhe und 580 000 Steinen. Noch mehr, nämlich 5,3 Millionen, verbauten 32 Leute innerhalb eines Jahres zum Raumschiff *X-Wing Starfighter* aus *Star Wars*. Es hat eine Tragflächenspannweite von 13,4 Metern und wiegt über 20 Tonnen, so viel wie ein Pottwal.

WARM UMS HERZ

Es gab eine Zeit Ende des 19. Jahrhunderts, da war die Form einer Zitrone in Frankreich total angesagt. Und deshalb sollten auch die Brüste der Frauen aussehen wie Zitronen. Man schnitt Gummipolster zurecht, steckte sie ins Mieder, und schon hatte jede Frau »Zitronenbrüste«.

Den Büstenhalter oder BH, wie wir ihn heute kennen, erfand die Amerikanerin Mary Phelps Jacob im Jahr 1914. Sie wollte nicht länger ein steifes Korsett tragen – und einfach nichts unter dem dünnen Abendkleid zu tragen, das ging auch nicht. Da hätte ja jeder die Brustwarzen sehen können!

Die Lady holte zwei Stofftaschentücher aus der Schublade, nähte sie zusammen und befestigte daran noch Bänder als Träger und zum Binden am Rücken. Das hielt den Busen in Form. Ihre Freundinnen fanden das klasse und wollten auch so was. Jetzt musste man den BH bloß noch weiter verbessern und verschönern.

Dass das gelungen ist, sieht man in jeder Frauenkommode. Eine Firma hat sogar einen beheizbaren BH erfunden: Durch Einlegepolster, die man im Wasserbad oder der Mikrowelle erhitzt und dann in die Körbchen einsetzt, hat man es immer warm ums Herz.

VERLIEBT, VERLOBT, VERHEIRATET?

Die meisten verheirateten Paare tragen Eheringe. Das ist eine uralte Sitte; man hat solche Ringe schon in Gräbern der alten Ägypter gefunden. Ein Ring hat keinen Anfang und kein Ende und steht deshalb für die Ewigkeit. Bei uns darf man erst heiraten, wenn man volljährig ist.

Das war in früheren Zeiten anders. Ja, bei Königen und Fürsten war es oft viel wichtiger, dass die Länder zusammenpassten als die Partner. Die kannten sich meistens gar nicht, wenn man sie miteinander verlobte. Eine Verlobung ist das feierliche Versprechen, bald zu heiraten. Um das der ganzen Welt zu zeigen, schenkt zu diesem Anlass der Mann der Frau einen Ring mit einem Diamanten.

Den kleinsten Verlobungsring der Welt bekam wohl Prinzessin Maria von England, Tochter des berüchtigten Königs Heinrich VIII. Im Jahr 1518 versprach man sie dem Thronfolger von Frankreich, um die beiden Länder eng zu verbinden. Als man Maria den Verlobungsring ansteckte, war sie zwei Jahre alt, ihr Verlobter noch ein Baby. Geheiratet haben die beiden aber dann doch nicht.

EISKALTE LUTSCHER

Ob vor 4000 Jahren im alten China oder vor 700 Jahren in Italien – Lecker-
mäuler sind schon sehr früh auf ein Rezept für Speiseeis gekommen:
»Man hole sich Schnee aus den Bergen und vermische ihn mit Früchten oder
gewürzter Milch.« Im Lauf der Jahrhunderte wurde man immer ideen-
reicher, was das Herstellen und Kühlen betrifft, und erfand ständig neue
Sorten. Nachdem man das Eis anfangs zu Kugeln geformt hatte, verkaufte
der amerikanische Süßwarenhersteller Harry B. Burt zum ersten Mal etwas,
was er »Gute-Laune-Lutscher« nannte: ein Vanilleeis mit Schokoglasur,
in das er einen Holzstiel gesteckt hatte.
Eine andere Geschichte geht so: Der 11-jährige Frank Epperson aus Oakland
in Kalifornien machte sich aus Wasser und Brausepulver eine Limonade
und rührte sie mit einem Stab um. Das Getränk war ihm aber nicht kalt
genug, und so stellte er es vor das Fenster, wo winterliche Temperaturen
herrschten. Erst am nächsten Tag dachte er wieder an seine Limo und holte
sie herein. Trinken konnte er sie nicht mehr, aber den dicken, süßen Eis-
zapfen am Stab nehmen und daran lecken.
Als Frank Epperson erwachsen war, ließ er sich seine Idee patentieren.
Das war 1923. Im selben Jahr erhielt auch Harry B. Burt ein Patent auf die
Herstellung von Eislutschern. Es gibt also zwei Erfinder des Eises am Stiel:
einen Sahneeis-am-Stiel-Erfinder und einen Wassereis-am-Stiel-Erfinder.

VORNE REIN, HINTEN RAUS

Ein Staubsauger macht Krach und ist nützlich. Mehr nicht. Doch als er vor 100 Jahren in Amerika ganz neu auf dem Markt war, da wollte man die Hausfrauen mit dem Gerät geradezu verwöhnen. So behauptete es jedenfalls die Werbung. Sie zeigte eine Frau, die staubsaugte und sich gleichzeitig die nassen Haare trocknete – und zwar mit der warmen Luft, die hinten aus dem Staubsauger rauskam. Die amerikanischen Hausfrauen waren aber nicht dumm und fragten: »Muss ich jedes Mal staubsaugen, wenn ich mir die Haare trocknen will? Oder muss ich mir jedes Mal die Haare waschen, wenn ich staubsauge?« Und dann fragten sie noch: »Könnt ihr nicht was erfinden, mit dem wir einfach unsere Haare trocknen können?«

Doch alle Elektromotoren, die das konnten, hatten zur damaligen Zeit mindestens die Größe eines Staubsaugers. Bis auf einen: Für einen Mixer hatte man bereits einen Kleinmotor entwickelt. Schließlich kam jemand auf die Idee, das Luftgebläse des Staubsaugers mit dem Kleinmotor des Mixers zu verbinden. Fertig war der erste Haartrockner, jedenfalls in Amerika.

Man hätte es auch einfacher haben können, wenn man in Deutschland eingekauft hätte. Denn schon 1899 hatte die Firma *Sanitas* etwas Ähnliches entwickelt und es *Foen* genannt, angelehnt an den warmen Fallwind Föhn. Seit der Rechtschreibreform vor 20 Jahren darf man den Wind und den Haartrockner gleich schreiben: Föhn.

WIE HEISST BARBIE MIT NACHNAMEN?

Barbies Name stammt von Barbara, der Tochter ihrer Erfinderin Ruth Handler. Eigentlich braucht eine Puppe ja keinen vollen Namen. Weil aber so viele Mädchen danach fragten, hat man ihr irgendwann einen gegeben: Barbara Millicent Roberts.

Barbie war etwas völlig Neues, als sie vor fast 60 Jahren zum ersten Mal auftauchte: viel erwachsener als die Babypuppen vor ihr, die außer ein paar Strampelhosen nicht viel benötigten. In der Welt von *Barbie* dagegen gibt es ständig neue Moden – ob Möbel, Kleider, Frisuren, Halsketten oder Handtaschen. Schon zwei Jahre nach *Barbie* kam *Ken* auf den Markt und dann immer mehr Figuren, Tiere und Zubehör. *Barbie* ist noch viel dünner als ein Supermodel und wird deshalb von manchen als »Hungerhaken« verspottet. Es gibt auch Leute, die fordern, *Barbie* endlich mit einer normalen Figur auszustatten, damit die jungen Mädchen nicht denken, sie müssten auch so dünn sein. Wäre *Barbie* ein Mensch, sie hätte schon 150 Mal den Beruf gewechselt. Für ihre ganzen Klamotten, Hüte und Schuhe bräuchte sie ein eigenes Haus. Und natürlich macht sie bis heute die Spielzeugfirma *Mattel* superreich. Alle drei Sekunden kauft irgendjemand auf der Welt eine *Barbie*-Puppe. Aber seit 2003 gibt es auch Konkurrenz: In der islamischen Welt spielen die Mädchen nicht mit *Barbie*, sondern mit *Fulla*. Sie trägt Kopftuch, lange Röcke und Mäntel.

MOGELPACKUNG

Ein Stift ist zum Schreiben da. Blei ist ein giftiges Metall. Es soll ja Leute geben, die kauen auf Bleistiften herum … Sterben die dann alle?

In der Frühzeit des Bleistifts kam es wirklich zu Vergiftungen. Man wusste nicht, dass Blei Nerven, Herz und Nieren schädigt. Vor 450 Jahren entdeckte man, dass sich ein ungiftiges Mineral namens Graphit noch besser zum Schreiben eignet und sogar wegradiert werden kann. Weil Graphit leicht bricht, fertigte man später eine Hülle aus Holz. Noch heute bestehen unsere Schreib- und Zeichenstifte aus Holz und einer Mine aus gebranntem Graphit mit Ton. Aber den Namen »Bleistift« haben sie behalten.

Nürnberg war schon immer eine Bleistiftstadt, wegen der vielen Bleistiftmacher. Dort gibt es sogar ein Bleistiftschloss. Es gehört der Familie Faber-Castell, die seit 1761 Stifte fabriziert. Obwohl das im 19. Jahrhundert noch nicht üblich war, tat Lothar Freiherr von Faber viel für seine Fabrikarbeiter. Sie hatten günstige Werkswohnungen, eine eigene Schule, eine Krankenkasse und einiges mehr.

Die Enkelin Lothar von Fabers heiratete später den Grafen Alexander zu Castell-Rüdenhausen. Adel kam zu Adel, Name zu Name, Geld zu Geld – und so gab es 1905 zum ersten Mal einen grünen Bleistift mit dem neuen Schriftzug *A. W. Faber »Castell«*. Die Marke wurde ein großer Erfolg. Fast den gleichen Stift kann man heute noch kaufen.

HILFE VON DER ROLLE

Egal, ob man sich geschnitten oder gestochen, eine Blase gelaufen oder das Knie aufgeschürft hat: Ein Pflaster deckt die Wunde ab und hilft bei der Heilung. Noch vor 120 Jahren wusste kaum jemand, dass Schmutz und Bakterien nicht in Verletzungen gelangen sollten. Man wickelte höchstens einen Lappen um die Stelle oder streute Sägemehl darauf, um die Blutung zu stillen. Doch seit bekannt wurde, wie gefährlich Bakterien sein können, suchte man nach etwas, das Wunden zuverlässig und hygienisch abdeckt. Richtig erfolgreich damit wurde ab 1920 die amerikanische Firma *Johnson & Johnson*. Ihr Angestellter Earle Dickson musste seiner Frau nämlich oft mit einem Verband zu Hilfe kommen, wenn diese sich bei der Küchenarbeit geschnitten oder verbrannt hatte. Damit die Wundversorgung in Zukunft schneller ging, schnitt er ein langes Stück Verbandmull ab, deckte es mit Tüll ab und brachte das Ganze in der Mitte von selbstklebendem Rollenband an. So konnte Josephine Dickson sich jedes Mal ein passendes Stück Pflaster von der Rolle abschneiden. Bald begann man bei *Johnson & Johnson* mit der Großproduktion, und Earle Dickson wurde Vizepräsident der Firma.

Offiziell heißt es übrigens »Wundschnellverband«, um es nicht mit dem Straßenpflaster zu verwechseln. Obwohl so ein Satz auch was hat: »Ich bin auf's Pflaster gefallen, ich brauch ein Pflaster!«

MEDIZIN FÜR DEN WEIHNACHTSMANN

Eigentlich könnte man Cola selbst machen. Die Zutaten sind bekannt: Wasser, Zucker, Kohlensäure, Aroma von Vanille, Orangen, Limetten, Muskat, Zimt, Koriander und Neroli, Phosphorsäure, Zitronensäure, Koffeinsäure, Karamell, Farbstoff. Die Frage ist nur, in welchem Verhältnis man diese Dinge mixt – und das ist streng geheim! Angeblich gibt es nur ein einziges Originalrezept. Es liegt seit 1925 in einem Safe in Atlanta.

Ursprünglich wollte der Apotheker John Stith Pemberton etwas gegen Kopfschmerzen und Müdigkeit erfinden. Dazu nahm er Wein, Kolanüsse und Kokablätter. Doch bald wurde in Amerika für eine Zeit lang aller Alkohol verboten, und so tüftelte Pemberton an einer alkoholfreien Medizin. 1886 rührte er schließlich einen zuckerhaltigen Sirup aus Kola, Koka und ein paar Gewürzen zusammen. Den konnte jeder mit Sodawasser versetzen, und fertig war die erste *Coca-Cola*. Was nun folgte, war vor allem gute Werbung. Es gab bald einen Markenschriftzug, eine eigene Flasche, immer neue Plakatmotive.

Ab 1931 wollte die Firma ihr Erfrischungsgetränk auch im Winter und an Kinder verkaufen und schickte deshalb den ersten Weihnachtsmann in den *Coca-Cola*-Farben Rot und Weiß los.

Heute kennt ihn jeder – und zumindest zwei Wörter auf Englisch: »okay« und »coke«. Denn *Coca-Cola* gibt es in allen Ländern der Welt – bis auf Nordkorea.

FEUER MIT VIELEN NAMEN

Es ist wie Zauberei: Man streicht mit einem Hölzchen über einen Streifen – und schon brennt es.

Die ersten Streichhölzer waren so giftig wie teuer. Der Ire Robert Boyle hatte 1680 ein Stückchen Papier mit weißem Phosphor beschichtet und einen Holzspan in Schwefel getaucht. Zog man das »Schwefelhölzchen« durch das gefaltete Papier, so fing es Feuer. 1805 erst wurde der giftige, teure Phosphor durch andere Chemikalien ersetzt. Streichhölzer nannte man jetzt auf Englisch »Prometheans«, nach Prometheus aus der griechischen Sage, der den Menschen das Feuer zurückbrachte. Die nächste Verbesserung erhielten die Hölzchen 1826 vom Apotheker John Walker durch eine Reibfläche aus Sandpapier, ihre nächste Bezeichnung vom Geschäftsmann Samuel Jones, der sie als »Lucifers«, also Teufel, verkaufte. So stanken sie auch. 1844 erfand der schwedische Chemiker Gustaf Pasch ein Sicherheitszündholz, das weniger stank und sich nicht so leicht versehentlich entzündete. In der Folge kamen praktisch alle Zündhölzer aus seinem Heimatland – die »Schwedenhölzchen«. Schließlich entwickelte der amerikanische Rechtsanwalt Joshua Pusey 1892 die flachen Streichholzbriefchen. Man kennt sie als Werbegeschenke oder aus älteren Krimis, wo gern mal auf ihre Innenseite eine Telefonnummer gekritzelt wird, die man im entscheidenden Moment zur Aufklärung des Falles braucht.

ZUM DAHINSCHMELZEN

Im Durchschnitt isst jeder von uns etwas über 9 Kilo Schokolade im Jahr. Das ist eine Vierteltafel – jeden Tag.

Bevor wir in ein Stück Schokolade beißen, muss einiges passieren. Die Früchte des Kakaobaumes, die Kakaobohnen, werden Luft, Wärme und Gärung ausgesetzt, getrocknet, geröstet, geschält und gemahlen. Übrig bleibt die Kakaomasse. Zu ihr gibt man Zucker, walzt das Ganze aus und hat eine Tafel Schokolade. So ging das jedenfalls früher. Allerdings war das Gefühl im Mund eher sandig.

Das blieb so bis 1879. Da machte der Schweizer Schokoladehersteller Rodolphe Lindt mehr oder weniger aus Versehen eine Entdeckung. Um die Kakaomasse cremiger zu machen, hatte er ihr Kakaobutter hinzugefügt und alles in eine selbst konstruierte Maschine gegeben. Dort wurde die Masse von schweren Platten gepresst, gerieben und gewalzt, bis sie über 70 Grad warm und flüssig war. Weil der Maschinenbehälter an eine Muschel erinnerte, nannte Lindt den Vorgang »Conchieren«, nach »concha«, dem lateinischen Wort für Muschel.

Eines Tages war die Conche noch in Betrieb, als Rodolphe Lindt nach Hause ging. So arbeitete sie 72 Stunden lang. Danach glänzte die Schokolade wie Seide, duftete wie das Paradies, war herrlich cremig und ließ sich in jede beliebige Form gießen. Seitdem wird Schokolade möglichst lange conchiert.

Sterculiaceae.

Theobroma Cacao L.

Bildnachweise:

Teddybär: Ein Bär namens Teddy: Karikatur von Clifford K. Berryman, Washington Post (1902)

Pizza: Mamma Mia!: Illustration © Moni Port

Glühlampe: Die unsterbliche Glühbirne: Centennial Light, Fire Station #6, Livermore, California, Wikimedia Commons

Hot Dog: Auf den Hund gekommen: Illustration © Moni Port

Alleskleber: Klebt Uhu wirklich alles?: UHU-Anzeigen (1954), Illustrationen: G. Brinkman © UHU GmbH & Co. KG

Sandwich: Adeliges Tellerbrot: Thomas Gainsborough, »Portrait of John Montagu, 4th Earl of Sandwich« (1783), Bearbeitung / Illustration © Moni Port

Bett: Heiliger Strohsack!: Fotografie © 123rf (Ina Van Hateren)

Brille: Eine weitsichtige Idee: Fotografie © Martin Aufmuth, EinDollarBrille e.V. (www.onedollarglasses.org)

Geldschein: Gut betucht: Fotografie © Moni Port

Kartoffelchips: Der Kartoffelheld: Fotografie © Moni Port

Ketchup: Tomaten aus der Flasche: Bearbeitung / Illustration © Moni Port

Klettverschluss: (Un)zertrennlich: Illustration: Johann Georg Sturm, »Deutschlands Flora in Abbildungen« (1796)

Brezel: Frommes Gebäck: Illustration © Moni Port

Staub: Aus die Maus!: Illustration © Moni Port

Tiefkühlkost: Käpt'n Frost: Collage (Moni Port) aus Fotografien von © 123rf (Serhiy Hnylosyr)

Schneekugel: Winter im Wasserglas: Illustration © Moni Port

Teebeutel: Das Werbesäckchen: Collage © Moni Port

Zahnbürste und Zahnpasta: Mut zur Lücke: Illustration © Moni Port

Luftballon: Hoch hinaus: Illustration © Moni Port

Haftzettel: Gesucht per Haftbefehl: Collage © Moni Port

Porzellan: Weißes Gold: Johann Joachim Kandler, »Centerpiece and Stand with Pair of Sugar Caster and Oil or Vinegar Cruet«, Meißener Porzellanmanufaktur (1737), Art Institute Chicago

Besteck: Tischlein deck dich: Fotografie © Christina Lieser, Stephan Knop

Füller: Luxusschmuck: Fotografie © MONTBLANC
Kaugummi: Post für Wiederkäuer: Kaugummipapier (1919), Wikimedia Commons (Kinga)
Klopapier: Große Geschäfte, kleine Geschäfte: Fotografie © Moni Port
Jeans: Hosen wie Matrosen: Fotografie / Bearbeitung © Moni Port
Taschenlampe: Licht zum Mitnehmen: Illustration © Moni Port
Mensch ärgere Dich nicht: Zoff in Schachteln: Illustration © Moni Port
Gummihandschuhe: Liebe macht erfinderisch: Fotografie © 123rf (fotoall),
Bearbeitung / Illustration © Moni Port
Geburtstagskerzen: Alle auf einmal: Fotografie © 123rf (Alina Shilzhyavichyute)
Süßigkeiten: Mund auf!: Fotografie: Wikimedia Commons (Raimond Spekking)
Lego: Fakten zum Bauklötze-Staunen: Fotografie © Moni Port
BH: Warm ums Herz: Illustration © Moni Port
Ring: Verliebt, verlobt, verheiratet?: Illustration © Moni Port
Eis am Stiel: Eiskalte Lutscher: Popsicle-Anzeige (ca. 1930), Illustration: G. W. French
Föhn: Vorne rein, hinten raus: Illustration © Moni Port
Barbie-Puppe: Wie heißt Barbie mit Nachnamen?: Illustration © Johann Waechter
Bleistift: Mogelpackung: Fotografie © 123rf (gorgev)
Pflaster: Hilfe von der Rolle: Fotografie © 123rf (steadler)
Cola: Medizin für den Weihnachtsmann: »Drink Coca-Cola 5¢« Werbeposter (1890),
Wikimedia Commons
Streichholz: Feuer mit vielen Namen: »Matchbox and match labels 100 years ago (swedish)«,
Wikimedia Commons (Takkk, Istvan Takacs)
Schokolade: Zum Dahinschmelzen: Illustration: Franz Eugen Köhler, »Köhler's Medizinal-
Pflanzen«, Kakaobaum (1897)